JVERNEMENT GÉNÉRAL DE L'INDOCHINE

INSPECTION GÉNÉRALE DE L'AGRICULTURE, DE L'ÉLEVAGE ET DES FORÊTS

ARRÊTÉS DU 8 AVRIL 1925

organisant le

personnel des Services techniques et scientifiques de l'Agriculture en Indochine.

HANOI

1925

GOUVERNEMENT GÉNÉRAL DE L'INDOCHINE

INSPECTION GÉNÉRALE DE L'AGRICULTURE, DE L'ÉLEVAGE ET DES FORÊTS

ARRÊTÉS DU 8 AVRIL 1925

organisant le

personnel des Services techniques
et scientifiques de l'Agriculture
en Indochine.

HANOI

—

1925

ARRÊTÉS organisant les personnels
technique et scientifique de l'agriculture en Indochine
et fixant les effectifs des cadres.

RAPPORT

du Gouverneur général de l'Indochine.

Hanoi le 28 mars 1925.

L'Indochine trouve dans son agriculture tous ses moyens d'existence et la source de sa prospérité à l'intérieur. Elle lui doit aussi, en grande partie, la place qu'elle occupe dans le concert des pays du Pacifique dont elle est le principal pourvoyeur en céréales.

Enfin, à l'exemple des centres de culture intensive qui l'entourent : Ceylan, Indes Néerlandaises, Philippines, Japon, Hawaï, elle semble vouloir s'engager délibérément dans la production des denrées et matières premières tropicales de grande consommation : café, thé, sucre, corps gras, caoutchouc, coton, etc.

Dans chacun de ces compartiments l'action des pouvoirs publics peut et doit s'exercer utilement, qu'il s'agisse de moderniser l'agriculture indigène et d'améliorer les conditions matérielles de l'existence des populations rurales, ou de tirer le meilleur parti des ressources que l'Indochine offre à la colonisation européenne, en la préparant méthodiquement, et en lui permettant un contrôle scientifique de ses efforts.

L'Administration indochinoise ne saurait remplir cet office avec fruit, si elle ne dispose pas de services d'agriculture fortement organisés et animés par des techniciens possédant des connaissances agronomiques étendues ainsi que par des spécialistes scientifiques.

Le personnel des Services de l'agriculture en Indochine a son statut dans l'arrêté du 20 juin 1921, qui a confondu dans un même cadre les anciens élèves diplômés de nos écoles supérieures d'agriculture et ceux qui avaient suivi un enseignement agricole moins élevé. Ces derniers ont été parfois appelés à remplir des fonctions de direction, auxquelles ils n'avaient pas été préparés par leurs études et travaux antérieurs ; il en est résulté une mauvaise utilisation du personnel et un trouble marqué dans le fonctionnement des services.

Le premier arrêté ci-joint fait la distinction, entre les techniciens qui par leurs connaissances agronomiques et scientifiques seront aptes à traiter les diverses questions que pose l'amélioration et le développement de l'agriculture en Indochine, et les praticiens qui ayant reçu une formation moins complète ou différente, seconderont les premiers dans leur tâche. Les premiers appartiendront au cadre des Ingénieurs de travaux d'agriculture, les seconds au cadre des conducteurs de travaux d'agriculture. Des facilités seront accordées à ces derniers pour leur permettre de compléter leur instruction professionnelle et d'accéder, le cas échéant, au cadre supérieur.

Parallèlement au cadre des Ingénieurs, a été prévu un cadre du personnel des laboratoires : botanistes, chimistes, entomologistes, phytopathologistes, dont aucune organisation moderne de l'agriculture ne saurait se passer.

Les conditions d'admission dans ces deux cadres qui imposent aux candidats la possession de connaissances approfondies dans les diverses sciences dont l'agriculture demande le concours, sont une garantie que le personnel qui les constuera aura les capacités voulues pour donner à la mise en valeur du sol tout l'appui désirable.

Le recrutement du personnel des Services agricoles de l'Indochine a été soumis dans le passé à un régime désordonné. Commencé en fait en 1899 il s'est poursuivi régulièrement jusqu'en 1906, pour cesser jusqu'en 1919, pendant treize années, et ne reprendre qu'à cette date.

En sorte qu'en 1930, par suite des mises à la retraite de l'ancien personnel, les Services d'agriculture se trouveront presque totalement dépourvus de personnel ayant l'âge et l'expérience du pays nécessaires pour en assurer une bonne direction.

Le recrutement de contractuels, prévu au nouveau statut, permettra dans une certaine mesure d'y remédier. Mais ce régime a eu pour autre conséquence de faire maintenir à un chiffre extrêmement bas, quarante, l'effectif d'un personnel appelé à actionner six services techniques et leurs laboratoires, et par suite d'en rendre le fonctionnement normal impossible.

Il était indispensable de relever, au moins provisoirement l'effectif des cadres. C'est à cette intention que j'ai préparé le second arrêté qui fixe jusqu'en 1930 l'effectif des cadres organisés par le premier arrêté.

J'ai l'honneur de vous prier de vouloir bien, si vous approuvez mes propositions, revêtir de votre signature les deux arrêtés ci-annexés.

L'Inspecteur général de l'Agriculture,
de l'Elevage et des Forêts,

Yves HENRY.

Le Gouverneur général de l'Indochine,
Grand Officier de la Légion d'honneur,

Vu les décrets du 20 octobre 1911, portant fixation des pouvoirs du Gouverneur général et organisation financière et administrative de l'Indochine ;
Vu l'arrêté du 31 décembre 1918, portant création de l'Institut scientifique de l'Indochine, modifié par l'arrêté du 6 juin 1920 ;
Vu le décret du 3 août 1920, réorganisant l'Ecole Nationale supérieure d'Agriculture coloniale ;
Vu les décrets du 11 septembre 1920, sur la solde et les accessoires de solde du personnel des cadres locaux des colonies ;
Vu l'arrêté du 18 février 1921, sur la solde et les allocations accessoires du personnel local ;
Vu l'arrêté du 20 juin 1921, fixant les règles communes applicables aux fonctionnaires locaux ;
Vu les arrêtés du 20 juin 1921, 4 avril 1922 et 28 juin 1922, fixant le statut du personnel agricole de l'Indochine,

ARRÊTE :

Article premier. — Le personnel européen des Services techniques et scientifiques de l'Agriculture en Indochine comprend :

1o — Des fonctionnaires appartenant au cadre des ingénieurs des Travaux d'Agriculture et des spécialistes des Laboratoires organisé par le présent arrêté ;

2o — Des fonctionnaires techniques appartenant aux cadres réguliers des Administrations métropolitaines et mis hors c dres sur la proposition du Gouverneur général ;

3o — Des fonctionnaires appartenant au cadre des conducteurs de travaux d'agriculture organisé par le présent arrêté.

CHAPITRE I

PERSONNELS DES INGÉNIEURS DES TRAVAUX ET DES LABORATOIRES

Art. 2. — Les fonctions de chef de service, chef de bureau technique, inspecteur régional, directeur de station expérimentale, ainsi que celles concernant des spécialités techniques ou scientifiques : génie rural, météorologie, chimie, entomologie, phytopathologie sont réservées aux personnels des alinéas 1 et 2 de l'art. 1er.

Art. 3. — La hiérarchie et la solde du personnel européen des Services techniques et scientifiques de l'Agriculture en Indochine sont fixées ainsi qu'il suit ;

PERSONNEL DES TRAVAUX D'AGRICULTURE	PERSONNEL DES LABORATOIRES	SOLDE
Ingénieur principal 1re classe .	Directeur 1re classe . .	18.000
— 2e classe .	— 2e classe . .	17.000
Ingénieur de 1re classe .	Chefs de travaux 1re classe . .	15.000
— 2e classe .	— 2e classe . .	14.000
— 3e classe .	— 3e classe . .	13.000
— 4e classe .	— 4e classe . .	12.000
Ingénieur-adjoint 1re classe .	Assistant 1re classe . .	10.000
— 2e classe .	— 2e classe . .	9.000
— 3e classe .	— 3e classe . .	8.000
— stagiaire .	— stagiaire . .	7.000

En outre, ce personnel reçoit un supplément colonial dont la quotité et les conditions d'attribution sont fixées par le Règlement général sur la solde et les accessoires de solde du personnel local.

Art. 4. — La péréquation des grades est fixée comme suit :

Ingénieurs principaux. . . . . 12 p. 100
Ingénieurs. . . . . . . 44 p. 100
Ingénieurs-adjoints. . . . . . 44 p. 100

Elle ne s'applique pas au personnel des laboratoires.
Elle ne jouera que lorsque l'effectif aura atteint les deux tiers du chiffre prévu.

Art. 5. — A titre exceptionnel et pendant une période transitoire de 5 ans, dans le cas d'insuffisance numérique du personne permanent des travaux, des techniciens pourront être recrutés par contrats temporaires et renouvelables d'une durée maximum de 4 années, pour être chargés des différents emplois prévus à l'art. 3 et des fonctions y afférentes.

Ces techniciens devront être pourvus de l'un des titres exigés à l'art. 6 du présent arrêté et justifier de services antérieurs dans des établissements publics ou des entreprises privées. (

Les différents emplois prévus à l'art. 3 en ce qui concerne le personnel des laboratoires pourront être occupés par des agents recrutés à titre contractuel aussi bien que par des agents recrutés à titre permanent sous la réserve que les techniciens engagés à titre contractuel soient pourvus de l'un des titres exigés à l'art. 7 ci-après.

Art. 6. — Les ingénieurs-adjoints stagiaires sont recrutés parmi les candidats pourvus du diplôme d'ingénieur agronome ou d'ingénieur agricole.

Les ingénieurs-adjoints de 3ᵉ classe sont recrutés :

1o — Parmi les ingénieurs-adjoints stagiaires ayant satisfait aux conditions réglementaires du stage ;

2o — Parmi les ingénieurs d'agronomie coloniale ayant subi avec succès l'examen de fin d'études de la section agronomique ;

3o — Parmi les ingénieurs agronomes pourvus d'un certificat de spécialisation de 3ᵉ année.

Art. 7. — Les assistants stagiaires sont recrutés parmi les diplômés de l'Institut de Chimie appliquée de Paris, de l'Ecole de Physique et de Chimie de la Ville de Paris, des Instituts de Chimie annexés aux Facultés des Sciences.

Les assistants de 3ᵉ classe sont recrutés :

1º — Parmi les candidats ci-dessus désignés et les licenciés ès-sciences ayant au moins deux années de services dans des laboratoires de l'Etat où privés ;

2º — Parmi les ingénieurs agronomes et les ingénieurs d'Agronomie coloniale pourvus d'un certificat de spécialisation de 3ᵉ année.

Art. 8. — Afin de faciliter le recrutement du personnel des laboratoires, les candidats pourvus d'un des titres exigés à l'art. 7 du présent arrêté pour l'entrée dans le cadre et qui pourront justifier avoir tenu pendant 4 ans au moins un emploi de leur spécialité dans un établissement de l'Etat ou dans des entreprises privées, pourront être, jusq'au 31 décembre 1929, et pour le quart au plus de l'effectif, nommés directement aux grades et classes d'assistant et de chef de travaux de Laboratoire de 4ᵉ classe, conformément aux règles inscrites à l'art. 9.

Art. 9. — Une commission de classement examine, pour les contractuels, les candidatures relevant des art. 5 et 8 du présent arrêté ; elle propose le grade et la classe de recrutement qui ne pourront être supérieurs au grade et à la classe auxquels le candidat serait parvenu, s'il était entré dans le cadre en qualité d'Ingénieur-adjoint ou d'Assistant de 3ᵉ classe à l'âge de 23 ans et avait obtenu ses avancements au taux minimum de deux ans d'ancienneté ; les années pendant lesquelles les candidats ont occupé des fonctions publiques ou privées et les années pendant lesquelles ils ont été mobilisés entrent seules dans ce décompte.

Les candidats restent astreints — sauf ceux régis par un régime contractuel à la mise en vigueur du présent arrêté — au stage réglementaire prévu à l'entrée dans le cadre et touchent pendant cette période la solde de leur grade et classe d'admission.

Art. 10. — Les avancements en grades et classes des personnels des ingénieurs des Travaux et des Laboratoires ont lieu exclusivement au choix.

CHAPITRE II

Art. 11. — Le personnel des conducteurs des travaux d'agriculture de l'Indochine est toujours subordonné aux fonctionnaires du cadre des ingénieurs des travaux d'agriculture.

La hiérarchie et les soldes de ce personnel est fixée ainsi qu'il suit:

GRADES	SOLDE
Conducteurs principaux hors classe..	11.000
— 1re classe..	9.500
— 2e classe..	8.500
— 3e classe..	7.500
Conducteurs de 1re classe..	6.500
— 2e classe..	5.500
— 3e classe..	4.500
— stagiaires. , ...	4.000

En outre, ce personnel reçoit un supplément colonial dont la quotité et les conditions d'attribution sont fixées par le Règlement général sur la solde et les accessoires de solde du personnel local.

Art. 12. — Les conducteurs stagiaires sont recrutés parmi les anciens élèves diplômés des écoles pratiques d'agriculture, des écoles d'horticulture de Versailles et de Villepreux, de l'Ecole coloniale du Havre.

Ceux de ces candidats qui justifieront avoir servi pendant au moins deux ans dans un établissement de l'Etat ou dans des Entreprises privées, ainsi que les diplômés de la section agricole de l'Ecole nationale supérieure d'agronomie coloniale pourront être nommés directement au grade de conducteur de 3e classe.

Art. 13. — Afin de faciliter le recrutement du personnel des conducteurs de travaux, les candidats satisfaisant aux conditions imposées par l'art. 12 et qui pourront justifier avoir servi pendant quatre ans au moins dans un établissement de l'Etat ou dans des entreprises privées, pourront être, jusqu'au 31 décembre 1929 et pour le quart au plus de l'effectif, nommés directement aux différentes classes de conducteur, conformément aux règles inscrites à l'art. 9.

Art. 14. — Les avancements en grades et classes de ce personnel ont lieu à raison de trois tours au choix et un à l'ancienneté en ce qui concerne les conducteurs et uniquement au choix pour les conducteurs principaux,

CHAPITRE III

DISPOSITIONS GÉNÉRALES ET TRANSITOIRES

Art. 15. — L'effectif des cadres des personnels techniques et scientifiques de l'Agriculture en Indochine, est fixé par arrêté du Gouverneur général.

Art. 16. — Les fonctionnaires des Services agricoles de l'Indochine actuellement en fonctions sont classés comme suit :

1o/ Les agents principaux, sous-inspecteurs, inspecteurs et inspecteurs en chef, dans les classes correspondantes des grades d'ingénieur-adjoint, ingénieur et ingénieur principal ;

2o/ Les agents principaux, provenant de l'ancien cadre des agents de culture, à parité de solde, dans les grades correspondants de conducteur, ou à défaut de parité, dans les grades immédiatement supérieurs.

Ils conservent leur ancienneté antérieure dans leur nouveau grade à l'exception de ceux d'entr'eux bénéficiant d'une augmentation de solde par suite de leur reclassement.

Pendant la période de formation du Service et dans un délai d'un an à compter du jour de la signature du présent arrêté, les chimistes en fonctions dans les laboratoires agricoles pourront être classés dans les grades et classes du personnel des laboratoires prévu au chapitre 1er du présent arrêté, à parité de leur solde, s'il y a concordance avec l'échelle des traitements de ce personnel et dans ce cas, ils conserveront leur ancienneté antérieure dans leur nouveau grade, sinon à la solde immédiatement supérieure et dans ce cas ils perdront leurs droits acquis à l'avancement.

Art. 17. — A titre transitoire, les élèves diplômés de la section d'Agronomie de l'Institut national d'Agronomie coloniale jusqu'à la promotion 1925 inclus, pourront bénéficier des dispositions de l'arrêté du 28 juin 1922, modifiant celui du 20 juin 1921 fixant le statut particulier du personnel des Services agricoles.

Art. 18. — Toutes dispositions contraires à celles du présent arrêté sont et demeurent abrogées.

Art. 19. — Le Secrétaire général du Gouvernement général de l'Indochine, le Gouverneur de la Cochinchine, les Résidents supérieurs au Tonkin, en Annam, au Cambodge et au Laos sont chargés, chacun en ce qui le concerne, de l'exécution du présent arrêté.

Hanoi, le 8 avril 1925.

M. MERLIN,

TABLEAU DE CLASSEMENT
annexé à l'arrêté du 8 avril 1925.
organisant le personnel des Services techniques
et scientifiques de l'Agriculture en Indochine

NOMS	GRADE ACTUEL	GRADE DANS LES NOUVEAUX CADRES
MM. Vieillard	Inspecteur chef de 1re cl.	Ingénieur ppal. de 1re cl.
Vieil	Inspecteur chef de 2e cl.	Ingénieur ppal. de 2e cl.
Martin de Flacourt (1) .	—	—
Magen.		
Pidance	Inspecteur de 1re classe.	Ingénieur de 1re classe.
Robin.	—	—
Braemer	—	—
Lan	—	—
Bui-quang-Chiêu. .	Inspecteur de 2e classe.	Ingénieur de 2e classe.
Cartier	—	—
Gilbert	—	—
Carle (Edmond). . .	—	—
Borel.	—	—
Laforge (Jean-Louis) .	—	—
Balencie	Inspecteur de 3e classe.	Ingénieur de 3e classe.
Duport	Inspecteur de 4e classe,	Ingénieur de 4e classe
Deloche de Campocasso.	—	—
Salomon	—	—
Carton.	Sous-inspect. de 1re cl.	Ingénieur-adjt. de 1re cl.
Legras.	—	—
Texier.	—	—
Dulac.	—	—
Guillaume. . . .	Sous-inspect. de 2e cl.	Ingénieur-adjt. de 2e cl.
Jacquet	—	—
Miéville	—	—
Frontou	—	—
Cordier	—	—
Lelarge	—	—
Ressencourt	—	—
Borel.	—	—
Goubeaux. . . .	—	—
Philippe	—	—
Bigeon	Sous-inspect. de 3e cl.	Ingénieur-adjt. de 3e cl.
Lacroix (1) . . .	—	—
Choupot (1) . . .	—	—
Angles	—	—
Bouillère . . .	—	—
Vincenot. . . .	—	—
Chauvin	Sous-inspect. stagiaire.	Ingénieur-adjt. stagiaire
Bastet dit Nam-Sinh.	—	—
Giraud	—	—
Mathis	Agent principal.	—
Faraut	Agent principal hors cl.	Conduct. ppal. de 2e cl.
Rateau	—	—
Blandin	—	—

(1) En disponibilité.

Vu pour être annexé à l'arrêté de ce jour.
Hanoï, le 8 avril 1925.
Le Gouverneur général de l'Indochine,
M. MERLIN.

**Le Gouverneur général de l'Indochine,
Grand Officier de la Légion d'honneur,**

Vu les décrets du 20 octobre 1911, portant fixation des pouvoirs du Gouverneur général et organisation financière et administrative de l'Indochine ;

Vu l'arrêté du 8 avril 1925, portant organisation des personnels techniques et scientifiques de l'Agriculture en Indochine,

ARRÊTE :

Article premier. — Les effectifs des personnels des Services techniques et scientifiques de l'Agriculture en Indochine (agents du cadre permanent et agents du cadre contractuel) sont fixés ainsi qu'il suit :

Personnel des ingénieurs des travaux d'agriculture . . 66

Personnel des laboratoires 10

Personnel des conducteurs des travaux d'agriculture . . 20

Art. 2. — Les effectifs actuels des personnels des Services techniques et scientifiques de l'Agriculture seront complétés en vue de parfaire les effectifs prévus à l'article précédent en 5 années à raison d'un cinquième de l'effectif complémentaire par an.

Art. 3. — Le Secrétaire général du Gouvernement général, le Gouverneur de la Cochinchine, les Résidents supérieurs au Tonkin, en Annam, au Cambodge et au Laos sont chargés, chacun en ce qui le concerne, de l'exécution du présent arrêté.

Hanoï, le 8 avril 1925.

Par délégation :
*Le Secrétaire général
du Gouvernement général de l'Indochine,*
RENÉ ROBIN.

Le Gouverneur général de l'Indochine,
Grand Officier de la Légion d'honneur,

Vu les décrets du 20 octobre 1911, portant fixation des pouvoirs du Gouverneur général et organisation financière et administrative de l'Indochine ;

Vu le décret du 8 novembre 1921, réglant les attributions de l'Institut national d'Agronomie coloniale ;

Vu l'arrêté du 11 juin 1921, créant des bourses à l'Ecole Nationale supérieure d'Agriculture coloniale et à l'Ecole Forestière, modifié par l'erratum du 30 juillet 1921 ;

Vu l'arrêté du 8 avril 1925, organisant le personnel des Services techniques et scientifiques de l'Agriculture en Indochine,

ARRÊTE :

Article premier. — Six bourses annuelles d'enseignement de 6.000 francs chacune sont instituées par le Gouvernement général de l'Indochine à l'effet d'assurer un recrutement régulier et permanent des personnels de l'Agriculture et des Forêts ; elles sont attribuées comme suit :

Deux bourses à l'Ecole forestière de Nancy en faveur de candidats pourvus du diplôme d'Ingénieur agronome.

Quatre bourses à la Section d'agronomie coloniale de l'Institut national d'agronomie coloniale, en faveur de candidats pourvus du diplôme d'Ingénieur agronome ou d'Ingénieur agricole.

Art. 2. — Les candidats à ces bourses devront adresser leur demande au Ministre des Colonies en l'accompagnant :

1° — d'un certificat médical délivré par le président du Conseil supérieur de santé au Ministères des Colonies, le médecin chef du Val-de-Grâce ou tout autre chef de service d'une formation sanitaire officielle.

Ce certificat mentionnera que les candidats possèdent les aptitudes physiques suffisantes pour servir aux colonies.

2o — d'un engagement, libellé sur papier timbré et légalisé de servir effectivement dans les cadres réguliers en Indochine pendant une période de 10 ans après leur sortie de l'Ecole, y compris le temps de congés en Europe auxquels les règlements leur donneront droit, sauf cas de force majeure résultant de leur état de santé, et ce dûment constaté par les autorités sanitaires compétentes.

Faute de quoi, les intéressés devront rembourser à la Colonie le montant des allocations perçues pendant leur séjour à l'Ecole.

Les bénéficiaires de ces bourses devront également restituer les sommes perçues par eux au cas où ils abandonneraient volontairement l'Ecole, ainsi qu'au cas où ils seraient licenciés en cours d'études pour insuffisance de notes ou par mesure disciplinaire.

Le Ministre des Colonies désigne les titulaires de ces bourses.

Art. 3. — Des bourses de spécialisation dont le montant sera fixé pour chaque cas, seront instituées dans la mesure des besoins en personnels technique et scientifique spécialisés auprès des

Etablissements du Ministère de l'Agriculture ci-après : Ecole supérieure du génie rural, laboratoire central des fraudes, de phytopathologie, d'entomologie.

Les candidats à ces bourses devront adresser leur demande au Ministre des Colonies avant le 1ᵉʳ août, en l'accompagnant des pièces énunérées à l'article 2 du présent arrêté.

Les études de spécialisation seront accomplies au titre du stage réglementaire prévu par l'arrêté général du 20 juin 1921 et dans les conditions suivantes :

A l'Ecole du Génie rural : en qualité d'Ingénieur adjoint de 3ᵉ classe pour les candidats pourvus du diplôme d'Ingénieur agronome.

Dans les laboratoires : respectivement en qualité d'Assistant stagiaire ou d'Assistant de 3ᵉ classe d'après la nature des titres possédés par le candidat et exigés pour la nomination à un de ces emplois, aux termes de l'article 7 de l'arrêté du 8 avril 1925 organisant le personnel des services techniques et scientifiques de l'agriculture en Indochine.

Le Gouverneur général désigne les titulaires de ses bourses.

Art. 4. — La surveillance administrative des titulaires des bourses d'enseignement et de spécialisation sera assurée par le Directeur de l'Institut National d'Agronomie coloniale, conformément aux termes du décret du 8 novembre 1921.

Art. 5. — Les bourses d'enseignement et de spécialisation seront payées aux titulaires par les soins de l'Agence générale des Colonies au compte du Budget général de l'Indochine, en fin de mois et à terme échu, par douzième à partir du lendemain de leur admission à l'Ecole jusqu'au dernier jour du trimestre qui suit la clôture des examens de sortis définitifs.

Ces dépenses seront imputables sur le chapitre XXXV, article 5 du Budget général de l'Indochine.

Art. 6. — L'octroi d'une bourse d'enseignement ou de spécialisation ne confère aux titulaires de ces bourses aucun droit à la nomination ou à la titularisation en fin d'études ou de stage qui restant à l'entière appréciation du Gouverneur général.

Art. 7. — Toutes dispositions contraires à celles du présent arrêté sont et demeurent abrogées.

Art. 8. — Le Secrétaire général de l'Indochine et le Directeur des Finances, sont chargés, chacun en ce qui le concerne, de l'exécution du présent arrêté.

Hanoi, le 8 avril 1925.

M. MERLIN.

Le Gouverneur général de l'Indochine,
Grand Officier de la Légion d'honneur,

Vu les décrets du 20 octobre 1911, portant fixation des pouvoirs du Gouverneur général et organisation financière et administrative de l'Indochine ;

Vu l'arrêté du 20 juin 1921, portant statut particulier du personnel du Service Vétérinaire, zootechnique et des épizooties de l'Indochine ;

Sur la proposition du Secrétaire général du Gouvernement général de l'Indochine et l'avis conforme du Directeur des Finances et de l'Inspecteur général de l'Agriculture, de l'Elevage et des Forêts.

ARRÊTE :

Article premier. — Une bourse annuelle de 6.0.0 francs est instituée par le Gouvernement général de l'Indochine pour être attribuée chaque année et à partir du 1er octobre 1925 à un élève de première année de l'Ecole Nationale Vétérinaire d'Alfort.

Cette bourse sera maintenue à chacun des titulaires pendant les quatre années d'études,

Art. 2. — Les titulaires des bourses ainsi concédées seront désignés par le Ministre des Colonies et choisis de préférence parmi les orphelins de guerre.

Ils devront adresser à l'appui de leur demande au Ministre des Colonies :

1o — un certificat médical délivré par le Président du Conseil supérieur de santé au Ministère des colonies, le médecin-chef du Val-de-Grâce ou tout autre chef de service d'une formation sanitaire officielle. Ce certificat mentionnera que le candidat possède les aptitudes physiques suffisantes pour servir aux colonies ;

2o — un engagement libellé sur papier timbré et légalisé, de servir effectivement en Indochine pendant une période de dix ans après sa sortie de l'Ecole, y compris le temps des congés en Europe auxquels les réglements leur donneront droit et sauf cas de force majeure résultant de leur état de santé, et ce, dûment constaté par les autorités médicales compétentes.

Faute de quoi, les intéressés devront rembourser à la colonie le montant des allocations perçues pendant leur séjour à l'Ecole.

Les bénéficiaires de ces bourses devront également restituer les sommes qu'ils ont perçues au cas où ils abandonneraient volontairement l'Ecole ainsi qu'au cas où ils seraient licenciés en cours d'études pour insuffisance de notes ou par mesure disciplinaire.

Art. 3. — Les allocations dont il s'agit seront payées aux boursiers par les soins de l'Agence générale des colonies au compte du budget général de l'Indochine, en fin de mois et à terme échu, par douzième à partir du lendemains de leur admission à l'Ecole jusqu'au dernier jour du trimestre qui suit la clôture des examens de sortie définitifs.

Ces dépenses seront imputables sur le chapitre. XXXV art. 5 du budget général de l'Indochine.

Art. 4. — L'octroi des bourses instituées par le présent arrêté ne confère aucun droit à la nomination dans le cadre du Service vétérinaire de l'Indochine, celle-ci reste subordonnée à l'entière appréciation du Gouverneur général qui peut porter son choix pour les vacances à pourvoir sur des candidats non boursiers.

Art. 5. — Le Secrétaire général du Gouvernement général de l'Indochine et le Directeur des Finances sont chargés, chacun en ce qui le concerne, de l'exécution du présent arrêté.

Hanoi, le 8 avril 1925.

M. MERLIN.

IMPRIMERIE
D'EXTRÊME-ORIENT
HANOI-HAIPHONG